BEI GRIN MACHT SICH IHR WISSEN BEZAHLT

AF153577

- Wir veröffentlichen Ihre Hausarbeit,
  Bachelor- und Masterarbeit

- Ihr eigenes eBook und Buch -
  weltweit in allen wichtigen Shops

- Verdienen Sie an jedem Verkauf

Jetzt bei www.GRIN.com hochladen
und kostenlos publizieren

GRIN ☺

Die verbale und bildliche Dimension häuslicher Gewalt im Bilderbuch "Bösemann"

Lisa-Marie Müller-Zülow

Bibliografische Information der Deutschen Nationalbibliothek:

Die Deutsche Nationalbibliothek verzeichnet diese Publikation in der Deutschen Nationalbibliografie; detaillierte bibliografische Daten sind im Internet über http://dnb.d-nb.de abrufbar.

ISBN: 9783346568304
Dieses Buch ist auch als E-Book erhältlich.

© GRIN Publishing GmbH
Nymphenburger Straße 86
80636 München

Druck und Bindung: Books on Demand GmbH, Norderstedt Germany
Gedruckt auf säurefreiem Papier aus verantwortungsvollen Quellen

Das Buch bei GRIN: https://www.grin.com/document/1163512

Universität Bielefeld

Fakultät für Linguistik und Literaturwissenschaften

Kinder- und Jugendliteratur nach 1945

SoSe 2020

Die verbale und bildliche Dimension häuslicher Gewalt am Beispiel im Bilderbuch *Bösemann*

Lisa-Marie Müller-Zülow

Grundschullehramt mit ISP

3. Fachsemester

13.09.2020

Inhalt

1. Einleitung

In dem Buch *Bösemann* wird das schwierige Phänomen der häuslichen Gewalt an Kindern und Partner in unserer Gesellschaft thematisiert. Allein im Jahr 2019 wurden in Deutschland von der Polizei rund 3430 Fälle von Kindesmisshandlung verzeichnet; man kann aber sicher sagen, dass die Dunkelziffer nicht angezeigter Straftaten viel höher sein muss. Somit gibt es keine genauen Zahlen, da viele Opfer entweder noch zu klein sind oder aus Scham und Angst schweigen. Laut dem Bundesgesetzbuch §1631 haben Kinder ein Recht auf eine gewaltfreie Erziehung. Ein Verstoß dagegen wird rechtlich als Kindesmisshandlung behandelt (vgl. Polizei. Beratung 2020). Das Buch *Bösemann* wurde von Gro Dahle geschrieben und von Svein Nyhus illustriert. Die Erstausgabe erschien 2003 unter dem Namen *Sinna mann*. Im Jahr 2019 übersetzte Christel Hildebrandt das Buch ins Deutsche. Das Buch wurde insgesamt in sieben Sprachen übersetzt und das empfohlene Lesealter ist ab dem fünften Lebensjahr. In Bösemann wird häusliche Gewalt durch den Vater des sechsjährigen Jungen Boj an ihm und seiner Mutter ausgeübt.

Allein der Text vermittelt durch fast schon poetische Züge die Angst des kleinen Jungen. Die geschilderten Szenen werden durch die kindgerecht dargestellten Bilder von Svein Nyhus unterstützt. Dabei kann man genau erkennen, wann „Bösemann" erwacht. Das Abbild der Mutter und von Boj selbst wird ganz klein und im Gegenzug das des Vaters groß, schwarz und rot dargestellt. Das Buch selbst drückt die wechselnden Gefühle des Jungen auf eine metaphorische Art und Weise aus.

Wie und auf welche Art ein solch kritisches Thema in einem so jungen Alter thematisiert werden kann, soll im Rahmen dieser Hausarbeit herausgearbeitet werden. Als erstes wird eine allgemeine Definition von Gewalt definiert. Dann werden zunächst allgemeine Informationen über häusliche Gewalt beschrieben. Im Anschluss sollen die Folgen, Ursachen und Auslöser der jeweiligen Gewalt ausgeführt werden und Strategien zu mögliche Bewältigungsmöglichkeiten erläutert. Im Folgenden sollen dann die gewonnenen Informationen in Verbindung mit der Inszenierung im Buch *Bösemann* analysiert werden. Als erstes werden die Besonderheiten des Textes herausgearbeitet und diese dann im Bezug zu den Bilder betrachtet. Wo tauchen Parallelen auf und wo Unterschiede? Wie werden diese dargestellt? Welche stilistischen Mittel werden verwendet? Wie werden diese kindgerecht dargestellt? Wodurch wird trotz des kritischen

Themas die Konnotation positiv gehalten? Inwiefern ergänzen sich die bildliche und die verbale Dimension?

2. Definitionen zu „Gewalt"

Den Begriff „Gewalt" kann man auf unterschiedlichste Arten und Weisen interpretieren und deuten. Somit ist eine einheitliche und allgemeine Erklärung unmöglich. Das Wort „Gewalt" stammt von dem altdeutschen Wort „waltan" ab, welches ein spezifisches Merkmal für Herrschende darstellt. „Waltan" stammt von der indogermanischen Wurzel „val-dh" ab und bedeutet „stark sein" bzw. „beherrschen" (vgl. Buchner 2001. 16)

Im Duden findet man die folgenden drei Bedeutungen für „Gewalt". Die erste wäre die „Gewalt, Befugnis, das Recht und Mittel über jemanden oder etwas zu bestimmen und zu herrschen" (Duden 2020). Die zweite Beschreibung erläutert das unrechtmäßige Vorgehen oder das Zwingen anderer durch psychische oder physische Kraft, um etwas zu erreichen. Als letzte Bedeutung findet man die „elementare Kraft von zwingender Wirkung", welches Unvorhergesehenes beschreibt, auf das der Mensch keinen Einfluss hat, wie z.B. Naturkatastrophen (vgl. Duden 2020). Eine weitere Definition zu „Gewalt" findet man in der Psychologie. In diesem Bereich wird Gewalt mit instrumenteller Aggression gleichgesetzt. Instrumentelle Aggression beschreibt ein schädigendes Verhalten, motiviert durch den Wunsch der materiellen oder immateriellen Bereicherung. In der Soziologie birgt der Begriff „Gewalt" eine gewisse Vielschichtigkeit. Zunächst wird sie als destruktive und intendierte Operation beschrieben, welche ein Mittel der Machtausübung darstellt. Dabei werden zwei unterschiedliche Blickwinkeln unterschieden: interpersonal und gesamtgesellschaftlich. Gewalt kann auf unterschiedlichste Arten verwendet werden, wie z.B. rational oder irrational, instrumentell und auch kommunikativ. In der Ausführung kann man die Gewalt ebenfalls in verschiedene Kategorien einordnen. Ist die Gewalt individuell oder kollektiv? Wurde sie spontan oder geplant durchgeführt? Wurde die Person direkt oder indirekt geschädigt? Allgemeine Unterscheidungsmerkmale sind die Beteiligten, die Ziele der Gewalt, die Mittel, die Strukturen, die Verbreitung sowie die Intensität (vgl. Buchner 2001, 16 f).

3. Verschiedene Formen von Gewalt

Gewalt an Kindern kann man in verschiedene Formen unterteilen: Physisch, psychisch und sexuell. Hier wird sich insbesondere auf den Aspekt der häuslichen Gewalt bezogen.

3.1. Physische Gewalt

Die physische Gewalt ist die eindeutigste Form, da Folgen meist sichtbar am Körper erkennbar sind. Hier wird in verschiedenen Arten der Misshandlung unterschieden. Zunächst gibt es die leichte Form der Misshandlung. Dazu gehören schlagen, kneifen, treten, drücken, festhalten usw. Diese Art von physischer Gewalt ist schwer zu definieren, da ein Teil unserer Gesellschaft diese als Erziehungsmaßnahmen akzeptiert. Eine Elternstudie aus dem Jahr 2016 zeigte, dass rund 44,7 Prozent der Befragten einen Klaps auf den Hintern als Erziehungsmaßnahme in Ordnung finden (vgl. Unicef 2020). Die nächste Form der Misshandlung beschreibt die „schwere" Gewaltausübung. In dieser Form sind die daraus folgenden Verletzungen deutlich. Diese sind meist Verbrennungen, Brüche, Schnitte, innere Blutungen, Quetschungen und Stichverletzungen, welche eigentlich in den meisten Fällen auch medizinisch behandelt werden müssen. Die fötale Misshandlung beschreibt die Gewalt an dem Fötus im Bauch der Mutter. Diese kann durch Tritte in den Bauch verursacht werden, aber auch durch das Rauchen, chronischen Alkohol- und/oder Drogenmissbrauch der Mutter. Die letzte Form ist die körperliche Vernachlässigung, welche die Unterlassung von medizinischer Hilfe bzw. Sicherheitsmaßnahmen beschreibt. Hierzu zählt man auch die unzureichende Ernährung und Pflege von Kindern (vgl. Buchner 2001, 82 ff).

3.1.1. Ursachen physischer Gewalt

Die Ursachen der physischen Gewalt können durch eine Vielzahl von Modellen erklärt werden. Im Buch „Gewalt gegen Kinder" wird in Ebenen unterschieden.

Zunächst gibt es den personenzentrierten Ansatz. In diesem Ansatz liegt die Ursache der Gewalt auf den Persönlichkeitsmerkmalen der Einzeltäter. Besonders wichtig ist der psychiatrische, pathologische und psychodynamische Erklärungsansatz, welcher auf krankhafte, pathologische Defekte zurückzuführen ist. Ein Beispiel eines solchen entstandenen Defektes ist die Misshandlung durch ein Elternteil im Kindesalter. Die Misshandlung führt oft zu psychopathischen Zuständen wie Depressionen und dem Gefühl von Wertlosigkeit. Als Erwachsene misshandeln diese oftmals ihre eigenen Kinder aufgrund der fehlenden Fürsorge und Zuwendung sowie der harten Strafen und Verdrängen ihrer eigenen Misshandlung als Kind. Das Elternteil verliert die Selbstkontrolle, da sie keine starke „Ich-Identität" entwickelt hat. Sie reproduzieren die Erziehungsstile an ihren eigenen Kindern, dadurch dass sie ihre frustrierten und kindlichen Bedürfnisse auf ihr Kind projizieren. Sie haben das Gefühl die fehlende Liebe und Zuneigung aus der eigenen Kindheit durch ihr Kind decken zu müssen. Wenn ihre Kinder also weinen oder trotzig sind, fühlen sich die Eltern angegriffen und deuten dieses Verhalten als Kritik und Ablehnung. Durch die falsche Deutung werden die Eltern aggressiv und repressiv, sodass sie ihr Kind auf dieselbe Art zurückweisen, wie es ihnen als Kind selbst passiert ist. So entsteht ein Zyklus, der von Generation zu Generation weitergegeben wird (vgl. Buchner 2001, 98 ff).

Als nächstes wird der familienbezogene Ansatz erklärt. Dabei handelt es sich um die Gewalthandlung im Umgebungsbereich der gesamten Familie. Die primäre Analyseeinheit ist insbesondere die Eltern-Kind Interaktionen. Frühkindliche Verhaltensmerkmale können die ersten Auslöser einer Misshandlung werden. Da Kinder alle mit einem unterschiedlichen Temperament auf die Welt kommen, gibt es gewisse Unterscheidungen bei der Schwierigkeit der Betreuung. Ein sogenanntes „schwieriges" Kind könnte sich z.B. an keine Alltagsroutine gewöhnen und hätte somit ein unberechenbares Verhalten. Sie weinen viel und bauen schnell eine negative Emotionalität auf, welche stark nach außen gezeigt wird. Die betroffenen Kinder stellen ihre Eltern mit diesem Verhalten auf die Probe und lösen somit eine Misshandlung aus. Solche Charakterzüge können sich auch erst im Laufe der Jahre bei Kindern entwickeln. Die Erziehungskompetenz gehört auch zum familienbezogenen Ansatz. Ein ausschlaggebender Punkt in diesem Teilbereich ist die fehlende Erfahrung im Umgang mit eigenen Kindern. Betroffene Eltern haben oft keine angemessene Wahrnehmung ihres Kindes und ein genaues Erwartungsmuster an die eigenen Kinder. Dieses führt zur Überforderung, da sie ihren eigenen Vorstellungen nicht nachkommen (vgl. Buchner 2001, 103 ff). Sobald der durch die Eltern tolerierte Spielraum überschritten ist, werden „autoritäre oder gewalttätige bestrafende Maßnahmen" (Buchner 2001, 106) eingesetzt.

Weitere Faktoren, die zu diesem Ansatz gehören, sind Stress, Krisen und Belastung. Ein neues Familienmitglied setzt oftmals die Familienlage neu zusammen. Jedes Familienmitglied nimmt eine neue Rolle ein. Die Eltern wollen zudem, dass alles perfekt entsprechend ihres Idealbildes läuft. Durch diese unerfüllten und unrealistischen Erwartungen entwickeln die Eltern Frustration und Stress. Diese Faktoren können durch folgende Ursachen gefördert werden: Stress durch das Kind, persönliche, finanzielle oder berufliche Probleme, Partnerschaftsprobleme sowie Alkohol- und Drogenkonsum. Die Folge dieser Nichterfüllung der Wünsche der Eltern ist die physische Misshandlung.

Kleinkinder sind in diesem Fall mehr betroffen, da sie mehr Zeit der Eltern in Anspruch nehmen und somit mehr Stress verursachen können (vgl. Buchner 2001, 107 f).

Die soziologischen Modelle erklären die häusliche Gewalt mit gesellschaftlichen Problembedingungen, soziokulturellen Hintergründen und Normen, sowie strukturellen Gewaltmomenten. Diese können Stress verursachen und das Gewaltpotenzial innerhalb einer Familie erhöhen. Stressfaktoren, die das verursachen können, wären „Armut, beengte Wohnverhältnisse, Arbeitslosigkeit, Isolation oder etwa auch Umweltbelastungen wie Lärm, Luftverschmutzung [und] räumliche Dichte [...]" (Buchner 2001, 109). Strukturelle Belastungsfaktoren, die zur Kindermisshandlung führen können, sind z.B. Suchtprobleme, Krankheiten, längere Arbeitslosigkeit oder eine hohe ökonomische Belastung. Diese Art der Belastung zeichnet sich dadurch aus, dass diese unwillkürlich ist und keiner anderen Person einen weiteren Schaden zufügt. Diese führen dann ebenfalls auch zu sozialen und physischen Erschwernissen für die Beteiligten. Solche Belastungen und Verzweiflung resultieren dann in aggressivem Verhalten gegenüber den eigenen Kindern. Ein weiterer Grund ist die soziale Isolation durch das Fehlen sozialer Unterstützungssysteme wie „Verwandte, Freunde, Nachbarn, Arbeitskollegen [...] [und] soziale Dienstleistungsangebote" (Buchner 2001, 110). Durch die fehlenden Ansprechpartner, welche in vielen alltäglichen Situationen helfen, erhöht sich der Stress (vgl. Buchner 2001,109 ff).

3.2. Psychische Gewalt

Die psychische oder auch emotionale Gewalt ist schwer definierbar. Diese Art von Gewalt zeigt keine „sichtbaren Narben", sie kann jedoch drastische Folgen für Kinder haben. „Drohungen, Liebesentzug, verletzende verbale Äußerungen und Redensarten, Abwendung und Ablehnung, Zwänge, emotionales Erpressen" (Buchner 2001, 83) und weiteres beschreiben diese Gewalt. Diese Handlungen führen zu Verletzung des Schamgefühls, denn es zeigt einen Mangel an Respekt gegenüber der Individualität und Identität des Kindes. Insbesondere nutzen die Täter das Schamgefühl als Instrument um Schrecken und Gewalt auszuüben. Die psychische Gewalt lässt sich in ein breites Spektrum unterteilen. Zunächst gibt es die verbale Gewalt. Diese bezieht sich auf Schädigung und Verletzung durch beleidigende, erniedrigende und entwürdigende Worte. Beim emotionalen Missbrauch nutzen die Eltern oft ihre Kinder aus, um ihre eigenen narzisstischen Bedürfnisse zu erfüllen, so z.B. ihre eigenen unerfüllten Wünsche. Der „Terrorismus des Leidens" beschreibt, wie Eltern durch ihre zum Teil vorgeschobenen chronischen Krankheiten ihren Kindern ein schlechtes Gewissen einreden und ihnen die Schuld dafür zuweisen. So entsteht durch die Schuldgefühle eine Art lebenslänglicher Pfleger oder auch ein „Mutterersatz" (vgl. Buchner 2001, 83 f).

3.2.1. Ursachen psychischer Gewalt

Da seelische Verletzungen nicht „sichtbar" sind und somit nur schwer nachzuweisen, gibt es wenige wissenschaftliche Arbeiten zu den Ursachen psychischer Gewalt. In der wenigen Arbeiten wurde jedoch der Machtkampf zwischen Erwachsenen und Kindern als Grund genannt. Eltern wollen meist, dass ihre Kinder nur von ihnen lernen können und dass sie sich an sie anzupassen haben. Eine weitere immer steigende Gewalt entsteht durch den Leistungsdruck in der Schule und das stumme Miterleben von Gewalt zwischen den eigenen Eltern. Dabei sind die 70% bis 90% der Kinder als „stumme Zeugen" involviert, wenn es zwischen den beiden Elternteilen eskaliert (vgl. Buchner 2001, 121 f).

3.3. Sexuelle Gewalt

Für die Definition der sexuellen Gewalt gibt es keinen allgemein gültigen Begriff, da es viele verschiedene Ausprägungen gibt. Die Unterscheidung dieser Gewalt zeichnet sich besonders durch die Handlung aus. Zusammenfassend kann man sagen, dass eine sexuelle Handlung sich durch den Missbrauch von Macht und Autorität zeigt, wie es z.B. bei einer Vergewaltigung, bei sexueller Nötigung, Stalking oder beim Missbrauch von Schutzbefohlenen der Fall ist (vgl. Buchner 2001, 84 ff). Ein weiterer Begriff, der besonders in den letzten Jahren ein großes Thema ist, ist die kommerzielle sexuelle Ausbeutung. Zu diesem Komplex gehört Kinderpornografie, also das Hochladen und Verkaufen sexueller Fotos und Videos von Minderjährigen (vgl. Alter und Träume 2014).

Als Ursachen dieser Gewalt gibt es ähnliche Ansätze, wie bei der physischen Gewalt. Zunächst kann man die individualisierende Theorie aufführen, bei der die Gewalt auf krankhafte Merkmale einer Einzelperson zurückzuführen ist. Die familiendynamische Theorie handelt über die Gewalt innerhalb des Systems Familie, welche vorbelastet ist. In der feministischen Theorie geht es um die Ungleichheit zwischen den Geschlechtsidentitäten und das multifaktorielle Erklärungsmodell beschreibt die sexuelle Gewalt durch die Einflüsse von interagierenden Faktoren generell (vgl. Buchner 2001, 122 f).

Da sexuelle Gewalt in *Bösemann* meiner Meinung nach nicht darstellt wird, habe ich dieses nur kurz in dieser Hausarbeit erläutert. Es ist ein sehr großes und komplexes Thema und würde den Rahmen dieser Arbeit übersprengen.

4. Folgen physischer und psychischer Gewalt an Kinder

Die Folgen von physischer und psychischer Gewalt an Kindern sind spürbar zu merken. Während psychische Gewalt nicht körperlich sichtbar ist, sondern seelische Folgen für das Kind hat, zeichnet sich physische Gewalt seelisch und körperlich aus. Untersuchungen zeigten, dass Kinder allein durch das Miterleben von Partnergewalt es oft schwer haben bei der kognitiven und sozialen Entwicklung. Oftmals entwickeln die Kinder eine posttraumatische Belastungsstörung. „ADS, Schlafstörungen, Alpträume, depressiven Rückzug, Ängste, regressive Symptomatiken wie Einnässen, Daumenlutschen sowie somatische Beschwerden (Bauchschmerzen, Kopfschmerzen, Ess- Störungen) [...]" (Kavemann 2006, 250) sind nur einige Beispiele für die Störungsbilder, welche in Verbindung mit häuslicher Gewalt stehen. Des Weiteren wurden Unterschiede in den Auswirkungen auf Mädchen und Jungen festgestellt. Während Mädchen ihre Symptomatiken eher introvertiert, also ihre negativen Gefühle gegen sich selbst richten, sind Jungs eher extrovertiert und entwickeln ihre Symptomatiken an die Umwelt gerichtet. (vgl. Kavemann 2006, 250 f) Außerdem verarbeitet jedes Kind häusliche Gewalt auf seine eigene Art und Weise. Frühzeitliche Hilfe ist sehr wichtig, um schwerwiegende Störungen zu vermeiden. Weitere prägende Faktoren sind das Alter, Lebenserfahrung, innere und äußere Ressourcen des Kindes sowie schon gemachte Erfahrungen im Umgang mit Gewalt. Aufgrund dieser Feststellungen gibt es unterschiedliche sozialpädagogische Unterstützungen und Gruppenangebote zur Hilfe. Die Familie stellen die primären Bezugspersonen dar und jedes Kind sollte sich sicher fühlen. Durch die Eltern sollten Kinder die Möglichkeit haben, sich selbst positiv zu entwickeln, die Umwelt zu erkunden und gesunde Beziehungen außerhalb der Familie zu pflegen (vgl. Kavemann 2006, 252 f).

5. Konsequenzen der Gewalt für den Täter

Da physische und psychische Gewalt als Kindeswohlgefährdung gelten, werden die Konsequenzen gerichtlich entschieden.

1. Gebote, öffentliche Hilfe [,] wie zum Beispiel Leistungen der Kinder- und Jugendhilfe für Gesundheitsfürsorge in Anspruch zu nehmen.
2. Gebote, für die Einhaltung der Schulpflicht zu sorgen.
3. Verbote, vorübergehend oder auf unbestimmte Zeit die Familienwohnung oder eine andere Wohnung zu nutzen, sich in einem bestimmten Umkreis der Wohnung aufzuhalten oder zu bestimmenden andere Orte aufzusuchen, an denen sich das Kind regelmäßig aufhält.
4. Verbote, Verbindungen zum Kind aufzunehmen oder ein Zusammentreffen mit dem Kind herbeizuführen.
5. Die Ersetzung von Erklärungen des Inhabers der elterlichen Sorge,
6. Die teileweise oder vollständige Entziehung der elterlichen Sorge.

(Köhler 2008, S.1188)

6. Bewältigung und Hilfe

6.1. Frauenhaus

Frauenhäuser wurden 1976 zum ersten Mal in Deutschland errichtet und gelten als Zufluchtsort, Schutzeinrichtung und Beratungsstelle für Frauen und Kinder. Wirkliche Hilfsprogramme wurden erst im Laufe der Zeit erstellt und so wurden auch Freizeitangebote für Kinder erstellt (vgl. Frauenhaus-Köln 2020). Die einzelnen Mitarbeiter der Frauenhäuser agieren und helfen Müttern und Kindern auf unterschiedliche Arten und Weisen. So werden sie zu einer verlässlichen Bezugsperson, welche ihnen Tag und Nacht zur Seite steht. Von Gewalt betroffenen Frauen müssen zunächst in ihrer Rolle als Mutter gestärkt werden. Die Folgen von Gewalt gegen Kinder müssen meist therapeutisch behandelt werden. Die Rahmenbedingungen einer ambulanten Einzelbehandlung sollten gegeben sein, damit diese möglichst effektiv ist. Dazu gehören: Keine aktuelle Gewalterlebnisse, ein stabiles und verlässliches Lebensumfeld und eine direkte Bezugsperson, welche dem Kind immer zur Seite steht. Solche Therapien werden in der Regeln von der Krankenkasse übernommen (vgl. Kavemann 2006, 243 ff).

6.2. Hilfe für den Täter durch Gruppen

Um den Tätern, die aus unterschiedlichen Gründen Gewalt anwenden, zu helfen, gibt es gewisse Betroffenengruppen, zu denen Täter sich freiwellig anmelden können. Dabei handelt es sich um ein Programm mit je zwölf zweistündigen Gruppensitzungen. In jeder Sitzung werden Teilnehmer entlassen und aufgenommen, sodass eine sehr gemischte

Gruppe aus erfahrenen und nichterfahrenen Mitgliedern entsteht. So können die Teilnehmer voneinander lernen. Es gibt eine konzeptionelle Struktur, die Raum für die aktuellen Konflikte der einzelnen Mitglieder gibt (vgl. Kavemann 2006, 389). Um in die Gruppe aufgenommen zu werden, gibt es drei bis fünf Vorgespräche. In diesen Vorgesprächen mit Schilderung des Problems soll klar werden, aus welchem Grund die Anmeldung erfolgt. Ebenfalls sollen die Ziele klar herausgearbeitet werden, wie z.b. „(1) keine erneute Gewalt, (2) Verantwortung für das eigene Verhalten übernehmen, (3) Selbstbeobachtung und Selbstwahrnehmung verbessern […] [etc.]" (Kavemann 2006, 387). Durch die Vorgespräche entsteht eine Filterfunktion, sodass nur sehr wenige Teilnehmer das Programm abbrechen. Das Programm ist in zwei Phasen aufgeteilt. Die Gewaltschilderung ermöglicht den einzelnen Teilnehmern ihre Gewaltsituation detailliert mit der Gruppe zu besprechen. Dabei unterbricht niemand den Erzählenden. Im Anschluss wird das Verhalten des Täters in der Gruppe analysiert und hinterfragt. Dann sollen Gewalt vermeidende alternative Handlungen besprochen werden. Ziel dieser Phase ist es, dass der Teilnehmer seine Tat wahrnimmt und nicht verharmlost, sodass die Person anfängt, ihre Gewalt aufzugeben. Die zweite Phase nennt sich Übereinkunft zu gewaltfreiem Handeln und ist die sogenannte Abschlussphase. Hierbei handelt es sich darum ein Formular zu unterschreiben, welche die Gewaltfreiheit schriftlich festlegt. Davor soll als Hausaufgabe ein detaillierter Handlungsleitfaden für den Fall einer rückfallgefährdende Situation geschrieben werden im. Im Falle eines Rückfalls sollen im Vorhinein auch schon schmerzhafte, deutliche Konsequenzen für den Täter festgelegt werden (vgl. Kavemann 2006, 389).

Im Buch *Bilderbücher Band 1 Theorie* von Julia Knopf wird beschrieben, wie Bilderbücher als Medium agieren. Die gegenseitige Beeinflussung der verbalen und bildlichen Dimension, also das Zusammenspiel, soll den Kindern etwas vermitteln. Im Folgenden wird nun das Buch *Bösemann* im Hinblick auf die verbale und bildliche Dimension des Bilderbuchs als Erzählmedium analysiert.

7. Bösemann

7.1. Kurze Zusammenfassung von Bösemann

Das Buch Bösemann beschreibt häusliche Gewalt aus der Sicht des Jungen Boj. Zunächst wird beschrieben, wie Bojs Vater von der Arbeit Nachhause kommt und glücklich zu sein scheint. Kurze Zeit später merkt Boj jedoch, wie sein lieber Vater sich langsam zu Bösemann verwandelt. Die Mutter schickt Boj auf sein Zimmer, damit er keine Angst bekommt. Jedoch bekommt Boj alles mit, bis der Vater sich langsam von Bösemann zurückverwandelt. Der Junge beschreibt, wie sein Vater seine Taten bereut und sich entschuldigt. Boj behält seine Angst vor Bösemann und will seinem Vater nicht zu nah kommen. Als er das Haus seiner Eltern verlässt, wollte er die Taten seines Vaters jemandem anvertrauen. Sein Mund ist jedoch zugeklebt und das einzige was er tun kann, ist nicken. Da schreibt Boj einen Brief an den König und erzählt ihm, was er Zuhause erlebt. Am nächsten Tag erscheint der König bei ihm Zuhause und nimmt den Vater mit. So wohnt der Vater beim König, um sich mit Bösemann zu befreunden, damit er nicht mehr den lieben Vater nicht mehr belästigt. Das Ende des Buches ist die erfolgreiche Bewältigung von Bösemann und die Vereinigung der glückliche Familie (vgl. Dahle 2019).

Das Buch Bösemann wird aus der Sicht eines auktorialen Erzählers mit einer internen Fokalisierung auf Boj erzählt.

7.2. Verbale Dimension

In der verbalen Dimension fällt auf der ersten Seite der Geschichte besonders ein Wort auf, das insgesamt vierzehn Mal auf dieser Seite erwähnt wird. Es ist das Schlüsselwort „Papa". Auf der ersten Seite wird „Papa" noch mit positiv konnotierten Worten geschmückt, wie z.B. „fröhlich" und „lieb" (1). Boj beschreibt dann, wie der Papa langsam verschwindet und Bösemann zum Vorschein kommt. Er versteht nicht, wie dieser Vorgang zustande kommt, was insbesondere durch die Aneinanderreihung von Fragen auffällt „Warum ist Papa jetzt leise? Ist Papa erschöpft? Ist Papa müde? Ist Papa sauer?" (3). Die Mutter von Boj bemerkt ebenfalls, wie der Vater zu Bösemann wird. Ihre Angst wird durch das Wort „pst", welches insgesamt dreimal auf der Seite vorkommt, sichtbar. So verschwinden die positiv konnotierten Wörter und statt Papa redet Boj nun von Bösemann. Die Verwandlung wird mit sehr negativ konnotierten Worten beschrieben, wie „[..] ein krummer Rücken." und „Ein schwarzer Muskel." (6). Im Weiteren fällt auf, dass Boj die beiden als zwei unterschiedliche Personen ansieht, insbesondere durch den Satz „Das ist Bösemann, der sich in Papas Nacken zusammenkrümmt." (7). Ab der siebten Seite ändert sich das Schlüsselwort von „Papa" zu „Bösemann". Der Erzähler beschreibt, wie alle mitbekommen, dass Bösemann zum Vorschein kommt, „Alle spüren das. Alle. Bis auf Papa." (7). Dabei werden die einzelnen Körperteile aufgezählt, die Bösemann einnimmt. Ab der neunten Seite beginnt die Gewalt des Vaters in Gestalt von Bösemann. Boj sucht die Schuld bei sich, fragt sich selbst, was er besser machen kann und entschuldigt sich sogar, obwohl in keiner Hinsicht die Schuld auf ihm lasten kann. Nun wird aufgelistet, wie die Mutter Boj vor Bösemann schützen will, sie aber verfolgt werden. Letztendlich lässt die Mutter Boj in seinem Zimmer und stellt sich vor die Tür. Boj beschreibt hier aber, wie nichts Bösemann aufhalten kann und wie die kleinste Handlung Bösemann sehr sauer machen kann. Hier wird das Opfer von Boj als „der Ärmste" (9) beschrieben. Auf Seite elf erfolgt nun eine ausführliche Beschreibung von Bösemann. Die negativ besetzten Worte bzw. Sätze lauten „Bösemann hat Papa gefangen", „Der Mund verzerrt.", „Rauch aus Nase und Mund." und „Bösemann bringt den Krieg." (11). Die Angst um seine Mutter wird besonders in den Sätzen „Meine Mama, meine Mama. Lass dich nicht von Bösemann wegnehmen." (11) deutlich. Das der Vater der Mutter überlegen ist, zeigt die Verniedlichen der Mutter die Boj ausdrückt „Mamilein" (12). Die Wut des Vaters wird hier mit dem Wort „Feuer" (12) gleichgestellt. Die Metapher „Lösch das Feuer, Papa!" (12) soll damit ausdrücken, dass der Vater seine Wut unter Kontrolle bekommen soll. Hier wird weiter beschrieben, wie niemand das Feuer löschen kann und Boj langsam einschläft. Der Übergang ist in der verbalen Dimension klar dargestellt dadurch, dass Boj zunächst das Wort „Papa" zweimal sagt und dann Laute folgen, die dem Wort „Papa" ähneln: „Ba ba ba ba […]" (12). Als Boj erwacht, beschreibt er, wie in seinem Zuhause überall durch Bösemann entstandene Ruß und Asche liegen (vgl. 18). Bösemann hat sich wieder im Vater verkrochen, dieses wird durch den Satz „Jetzt ist Bösemann tief, tief unten, hinten und weit, weit da drinnen." (18) verdeutlicht. Der Vater bereut seine Taten und verspricht sie nicht nochmal zu wiederholen, doch Boj hat das schon oft gehört. Auf der nächsten Seite wird das Wort „Papa" verniedlicht und drückt damit aus, wie sehr der Vater durch die Geschehnisse gebrochen ist. Auch die Hyperbel „[…] Papa […] zerplatzt in tausend Millionen Tränen." (19) sollen diese Gefühle verdeutlichen. Die nächsten vier Seiten beschreiben, wie Boj dem Vater bzw. Bösemann nicht traut. Die Angst, dass sich die Geschehnisse wiederholen wird durch die Anapher auf Seite 22 deutlich „Hinterher ist es so still, so still wie […]. Hinterher ist es so still, so still wie […]. Hinterher ist es so still, so still wie […]." Boj möchte seiner Angst entkommen und geht raus. Der Weg nach draußen ist aber sehr lang und Boj beschreibt den Weg so, als müsste er sehr viele Türen mit Schlössern allein öffnen (vgl. 24). Damit wird seine Verzweiflung deutlich. Als Boj nach draußen kommt, schreibt er einen Brief an den König, in welchem er die Geschehnisse erläutert. Daraufhin kommt der König und besucht die Familie. Der Vater fällt auf den Boden und entschuldigt sich. Hier wird auch klar, dass der Vater Bösemann nicht als sich selbst ansieht. Der Vater redet von Bösemann in der dritten Person „Aber was soll ich mit

Bösemann machen?" (32). Am Ende des Buches lebt der Vater mit dem König zusammen und lernt mit Bösemann umzugehen, der auch ein Teil von ihm selbst ist. Bösemann wird hier wieder mit negativ konnotierten Worten beschrieben, so zum Beispiel „[…] böser beleidigter alter Griesgram […]" (33) ist. So kehrt der Vater gesund wieder zu seiner Familie zurück und Boj ist glücklich. Das wird insbesondere durch die Laute „Ha ha hi hi." (35) ausgedrückt, welche ein Lachen darstellen sollen.

7.3 Bildliche Dimension

Abbildung 1

In Abbildung 1 sieht man die ersten beiden Seiten des Buches. Links erkennt man Boj, in der Mitte die Mutter mit einem Kuchen in der Hand und rechts den Vater, der durch seine Größe im Vordergrund steht. Farblich ist zu erkennen, dass die Mutter und der Vater in hellen Tönen, wie gelb und weiß gemalt sind. Alle drei haben ein Lächeln im Gesicht. Die Mutter schwebt sogar über dem Boden. Auffällig sind allerdings die roten Hände des Vaters und die stärkere schwarze Umrandung. Boj hingegen wurde sehr unauffällig und klein gezeichnet. Mit seiner schwarz/weißen Kleidung fällt der erste Blick nicht auf ihn. Weitere auffällige Zeichnungen sind der Hammer und das Aquarium. Warum ein Hammer dort zu sehen ist, wird beim Lesen leider nicht klar, es kann sich jedoch um eine Waffe handeln, die der Vater bei Gewalt nutzt. Das Aquarium könnte Bojs Familie darstellen. Zunächst der große schwarze Fisch, welcher für den Vater steht. Der mittelgroße orange Fisch steht für die Mutter und der kleinste Fisch für Boj. Eine weiterer Gegenstand in diesem Bild, der beim ersten Blick nicht unbedingt auffällt, ist die Schüssel rechts auf dem weißen Tisch. Dort sind schwarze Punkte zu sehen. Dies könnte für ein mögliches Suchtverhalten des Vaters, wie das Rauchen, stehen.

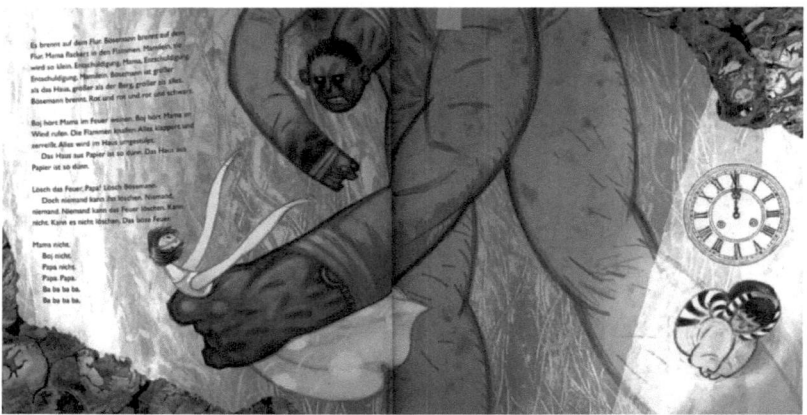

Abbildung 2

Abbildung 2 zeigt die Seiten dreizehn und vierzehn des Buches. Hier sieht man klar, wie Boj die Gewalt des Vaters sieht. Der Vater ist im Gegensatz zu der Mutter überdimensional groß dargestellt und Boj nimmt knapp ein Drittel der Doppelseite ein. Die Hand des Vaters hält den Körper der Mutter in der Hand und es schaut so aus, als würde er zum Schlag bereit sein. Die die Mutter haltende Hand ist so groß wie ihr Oberkörper. Rechts unten wird Boj gezeigt, wie er verkrümmt auf dem Boden liegt und seine Augen zukneift. Über ihm schwebende Uhr zeigt Mittag oder Mitternacht an. Die Farbkontraste sind hier klar zu erkennen. Der Vater wurde mit rot/orangenen Farben gezeichnet. Auffällig dazu ist seine schwarze dicke Umrisslinie um die Hände und das Gesicht. Die Mutter und Boj bleiben in den Farben der ersten Abbildung. Der Hintergrund passt sich den Farben des Vaters an und ähnelt einem Feuer. Der Gesichtsausdruck des Vaters wirkt furchteinflößend. Das Gesicht der Mutter ist nicht erkennbar.

Abbildung 3

In Abbildung 3 sind die Seiten 21 und 22 zu sehen. Die Abbildung zeigt die Familie von Boj, nachdem sich Bösemann wieder im Vater zurückgezogen hat. Die linke Seite illustriert den Vater in einem Sessel sitzend und die Mutter, die sich über ihn beugt, um ihm ein Glas Wasser zu geben. Die Mutter und Vater werden hier etwa gleichgroß dargestellt, anders als in den Abbildungen zuvor. Der Vater wirkt schuldig und die Gesichter der Eltern sehen ermüdet aus. Vor dem Sessel steht ein Eimer mit Wasser und daneben ein unbekannter schwarzer Gegenstand. Auf der rechten Seite erkennt man Boj,der sich unter einem Tisch versteckt. Sein Gesichtsausdruck wirkt erschrocken und seine Arme kreuzen sich, als würde er sich immer noch schützen wollen. Auffällig ist die Darstellung der Bilder an der Wand über Boj, wo der Umriss eines fehlenden Bildes zu sehen ist. Das Bild zerbrach wohlmöglich bei der Gewaltausübung des Vaters. Von der farblichen Darstellung fällt hier insbesondere der Vater auf. Sein Körper wurde in schwarz/grau Tönen gezeichnet. Um seine Hand ist ein weißer Verband angebracht. Seine Finger, Ohren, Nase und Mund haben immer noch einen leichten rot Ton. Die Gelbtöne der Mutter sind erblasst, als hätte man ihr die Energie genommen. Der Sessel, auf dem der Vater sitzt, wirkt durch die gebrochenen gelben Töne und die schwarzen Linien alt und gebraucht. Die in Abbildung 1 hellen Wand Töne scheinen in dieser Abbildung deutlich dunkler, dadurch wirkt das Bild insgesamt düsterer.

Abbildung 4 zeigt den Vater in Obhut des Königs, der ihn aufgenommen hat, um die Gewalt ihn ihm zu besänftigen. Groß und in der Mitte des Bildes sieht man den Vater vor einem Baum sitzend. Auf seinem Bein sieht man drei Egos: Den Bösemann, dessen Oberkörper in roten Farben umrandet ist, ein kleiner Papa, der weinen muss und der Vater, der versucht die Situation zwischen den beiden zu schlichten. Ein weiteres Ego zerrt auf der rechten Seite am Bein des Vater. Diese Figur stellt den bösen alten Griesgram dar. Die Stelle, an die er zerrt, ist rot wie seine Hände. Eine weiteres auffälliges Detail ist der Fischteich links neben dem Baum. In dem Teich befinden sich dieselben Fische wie im Aquarium auf Abbildung 1. Um den Baumstamm herum erkennt man Vögel, Schlüssel und Schmetterlinge. Links neben dem Baum erkennt man Boj und seine Mutter. Beide schauen mit zuversichtlichem Gesicht zum Vater. Die Farbenkonstellation der beiden sind dieselben wie auf Abbildung eins, nur die Hände und Gesichter der beiden haben eine rote Farbe. Der Baumstamm ist in einer hellblauen Farbe gezeichnet. Mit der Farbe Blau verbinden viele Entspannung und Beruhigung, welche für den Vater wichtig sind, um Bösemann zu besänftigen. Der Vater, welche alle Egos hält, selbst ist großflächig in der neutralen Farbe hellgrau gemalt worden. Seine großen Hände und sein Fuß sind jedoch immer noch rot.

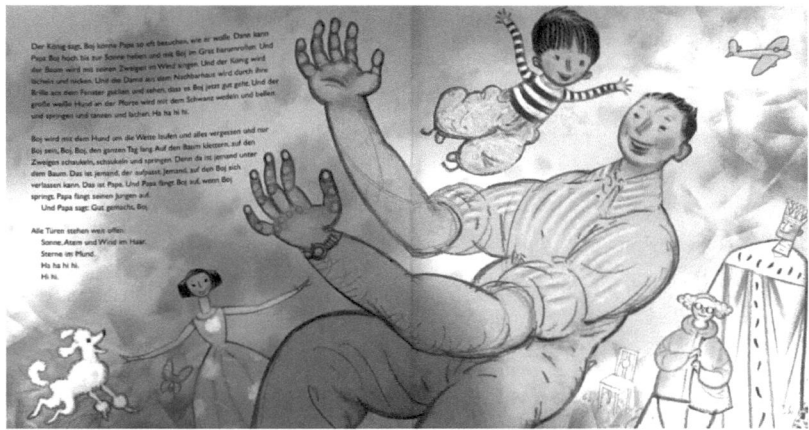

Abbildung 5

Die letzte Abbildung zeigt die glückliche Familie wieder vereint nach der Entlassung durch den König. Der Vater wird wieder mal in der Mitte und überdimensional groß dargestellt. Boj springt in seine Arme. Rechts neben dem Vater erkennt man die Nachbarin und den König. Auf der linken Seite sieht man einen weißen Hund, die Mutter und einen Schmetterling. Alle Personen haben ein Lächeln auf dem Gesicht, insbesondere Boj, der im Gegensatz zu den anderen noch glücklicher aussieht. Der Hintergrund ist in einem blauen Ton wie der Umhang des Königs gehalten. Der Vater und die Mutter haben dieselben Farbtöne wie in der ersten Abbildung allerdings wird der Vater ohne dicke schwarze Umrisslinie dargestellt.

7.4. Intermodale Dimension

Auf der intermodalen Ebene kann man sagen, dass die bildliche und verbale Dimension in *Bösemann* eine Mischung von komplementär und anreichernd darstellt. Die bildliche und verbale Dimension in den Abbildungen 1, 4 und 5 sind beispielsweise komplementär. Die Farben, Zeichnungen und Textbezüge ergänzen sich, Die im Text beschriebenen Handlungen werden in der bildlichen Dimension dargestellt und lassen wenig Raum zu Interpretation. Die Abbildungen 2 und 3 hingegen sind eine Anreicherung. In Abbildung 2 wird in der verbalen Ebene nicht klar, in welcher Art die Gewalt vom Vater angewandt wird. Mit der Betrachtung der bildlichen Dimension kann jedoch verdeutlicht werden, dass der Vater die Mutter schlägt und zeigt wie hilflos die Mutter im Gegensatz zum Vater ist. In Abbildung 3 reichert die bildliche Dimension die verbale insbesondere durch die farbliche Konstellation an. Verbal wird über den Zustand des Vaters nach der Gewalt nicht viel gesagt. Bildlich kann man jedoch erkennen, wie zerstört und am Boden der Vater ist. Die schwarzen Töne, in denen der Vater gezeichnet ist, stehen für sein Leid und das Bereuen seiner Taten.

8. Fazit

Die Anwendung von Gewalt findet man in der Menschheit auf allen Ebenen. Dies kann von der Gewalt eines Weltkrieges bis hin zur Gewaltanwendung in der kleinsten Zelle der menschlichen Gesellschaft, der Familien gehen. Es wurde herausgearbeitet, dass innerhalb der Familie Gewalt in physischer, psychischer und sexueller Anwendung zu finden ist. Das Buch *Bösemann* arbeitet die Problematik physischer Gewalt an einem speziellen Beispiel ab. Der Vater wird von Bösemann wie durch einen gewalttätigen Geist besessen und übt physische Gewalt gegen Boj und seine Mutter aus. Es scheint ein Glücksfall zu sein, dass es eine übergeordnete positiv wirkenden Kraft in Gestalt des Königs gibt. Durch dessen Einfluss gibt es eine heilende Wirkung auf den Vater und die Familiensituation scheint sich positiv zu entwickeln.

In wie weit diese sehr positivistische Darstellung der Entwicklung der Familiensituation realistisch ist, muss diskutiert und beantwortet werden. Angesichts zehntausender Frauen und Kinder, die jedes Jahr Zuflucht in Frauenhäuser suchen, ist die wundersame Heilung des Vaters in *Bösemann* eine idealisierte Vorstellung. Die Anwendung physischer Gewalt innerhalb der Familie wird sicherlich häufiger durch Trennung beendet.

Abschließend kann gesagt werden, dass das Buch Bösemann die Thematik Gewalt in Familien kindgerecht darstellt. Auf der intermodalen Ebene ergänzen sich die bildliche und verbale Dimension. Die bildliche Dimension ist jedoch an einigen Stellen im Buch, sehr brutal dargestellt, wie z.B. in der Abbildung 2. Ein höheres Lesealter, als fünf Jahren, ist daher zu empfehlen. Stellt man sich die Frage, wie die Bilder auf unterschiedliche Kinder wirken, muss man sicherlich unterscheiden, ob die betrachten Kinder selbst bereits Gewalt erfahren haben oder nicht. Kinder, die starker physischer Gewalt ausgesetzt sind oder waren, werden sicherlich die Abbildungen mit dem überdimensionierten wütenden Vater auf ihre eigene Situation beziehen können. Kinder, die keine Gewalt erfahren haben, haben möglicherwiese bei der Betrachtung dieser Abbildungen Assoziation Probleme.

Literaturverzeichnis

Primärliteratur:

Dahle, Gro (2019): Bösemann. Zürich: Nordsüd Verlag

Sekundärliteratur

Alter und Trauma (2014): Wann spricht man von „sexualisierter Gewalt"?. https://www.alterundtrauma.de/basiswissen/sexualisierte-gewalt/wann-spricht-man-von-sexualisierter-gewalt.html [Zugriff: 02.08.2020]

Buchner, Gabriela (2001): Gewalt in Familien. https://www.gewaltinfo.at/uploads/pdf/bmwfj_gewaltbericht_2001_gesamt.pdf [Zugriff: 01.08.2020]

DUDEN (2020): Gewalt. https://www.duden.de/rechtschreibung/Gewalt [Zugriff: 30.07.2020]

Frauenhaus-Köln (2020): Geschichte der Frauenhäuser. https://www.frauenhaus-koeln.de/geschichte [Zugriff: 04.08.2020]

Kavemann, Barbara (2006): Handbuch Kinder und häusliche Gewalt. Wiesbaden: VS Verlag

Knopf, Julia (2014): BilderBücher Band 1 Theorie. Baltmannsweiler: Scheider Verlag Hohengehren

Köhler, Helmut (2008): Bürgerliches Gesetzbuch BGB. München: dtv Verlagsgesellschaft

Polizei-Beratung (2020): Zahlen und Fakten: Kindesmisshandlung. https://www.polizei-beratung.de/themen-und-tipps/gewalt/kindesmisshandlung/fakten/ [Zugriff: 27.07.2020]

Unicef (2020): Alltägliche Gewalt gegen Kinder: Zahlen und Fakten. https://www.uniklinik-ulm.de/fileadmin/default/05_Uber-uns/2020-06-27_Faktenblatt_Gewalt_gegen_Kinder.pdf [Zugriff: 03.08.2020]